Karin Luther

Die Themenzentrierte Interaktion nach Ruth Charlotte Cohn

Eine Methode der inklusiven Erwachsenenbildung?

GRIN - Verlag für akademische Texte

Der GRIN Verlag mit Sitz in München hat sich seit der Gründung im Jahr 1998 auf die Veröffentlichung akademischer Texte spezialisiert.

Die Verlagswebseite www.grin.com ist für Studenten, Hochschullehrer und andere Akademiker die ideale Plattform, ihre Fachtexte, Studienarbeiten, Abschlussarbeiten oder Dissertationen einem breiten Publikum zu präsentieren.

Karin Luther

Die Themenzentrierte Interaktion nach Ruth Charlotte Cohn

Eine Methode der inklusiven Erwachsenenbildung?

GRIN Verlag

Bibliografische Information der Deutschen Nationalbibliothek: Die Deutsche Bibliothek verzeichnet diese Publikation in der Deutschen Nationalbibliografie; detaillierte bibliografische Daten sind im Internet über http://dnb.d-nb.de/ abrufbar.

1. Auflage 2012
Copyright © 2012 GRIN Verlag
http://www.grin.com/
Druck und Bindung: Books on Demand GmbH, Norderstedt Germany
ISBN 978-3-656-19330-2

Die Themenzentrierte Interaktion nach Ruth Charlotte Cohn

Eine Methode der inklusiven Erwachsenenbildung?

Inhaltsverzeichnis

0 Einleitung 1
1 Grundlagen der TZI 2
    1.1 Entstehung 2
    1.2 Methode 3
    1.3 TZI im Kontext Bildung 6
2 Die Axiome 7
    2.1 Das existenziell-anthropologische Axiom 7
    2.2 Das ethisch-soziale Axiom 8
    2.3 Das pragmatisch-politische Axiom 8
3 Die Postulate 9
    3.1 Prinzip der Selbstverantwortung 9
    3.2 Prinzip der Arbeitsfähigkeit 10
        3.2.1 Störungen in der Gruppe 10
        3.2.2 Umgang mit Störungen 11
    3.3 Die Hilfsregeln 11
4. Fazit 15
Quellen 16

0 Einleitung

Anbieter_innen von Angeboten im Bereich der Weiterbildung unterliegen seit Jahren steigenden Anforderungen an die Wirtschaftlichkeit. Dies steigert den Zwang kostengünstig und dennoch effektiv zu arbeiten. Sie müssen ihre Teilnehmer_innen von Angeboten und Konzepten überzeugen, um diese als Kunden zu gewinnen und zu behalten. Eine große Rolle die Qualität dieser Angebote zu sichern, spielen die Methoden, welche Wissen vermitteln. Sind Kurse nicht teilnehmer_innengerecht gestaltet, so brechen die Teilnehmer_innen den Kurs ab, belegen keine weiterführenden Angebote oder nehmen andere Institutionen in Anspruch.

Wie im Seminar „Inklusive Erwachsenenbildung" festgestellt, gibt es einen allmählichen Paradigmenwechsel in der Erwachsenenbildung und Menschen mit Behinderung werden bei Anbietern von Erwachsenenweiterbildung allmählich als Zielgruppe erkannt. Hier fehlt es bisher nicht nur an inklusiven Angeboten, sondern auch an Methoden, wie Kurse nicht nur theoretisch, sondern auch faktisch inklusiv gestaltet werden können. Konträre Ansichten der einzelnen Teilnehmer_innen können in jedem Angebot der Bildung dazu führen, dass die Durchführung der Gruppenarbeit- und in Folge dessen die Vermittlung von Lerninhalten eines Angebots- verzögert oder ganz verhindert werden. In der folgenden Hausarbeit wird ein Überblick über die Methode der Themenzentrierten Interaktion (im Verlauf der Hausarbeit mit TZI abgekürzt) von Ruth Cohn vorgestellt. Diese soll nicht nur konflikt- und angstfreie Kommunikation ermöglichen, sondern strebt bestmögliche Kooperation an und ist vielfältig anwendbar, auch im Bereich der inklusiven Erwachsenenbildung.

In dieser Hausarbeit wird grundsätzlich die geschlechtsneutrale Schreibweise „_innen" verwendet. Diese hat die Funktion, dass nicht nur Frauen, sondern auch Menschen, die sich zwischen beziehungsweise außerhalb der Zweigeschlechtlichkeit zugehörig fühlen, bedacht werden.

1 Grundlagen der TZI

1.1 Entstehung

„Dem ursprünglich gesunden Menschen ein solches Leben ermöglichen, in dem er gesund bleiben kann – wie kann das gelingen?"[1]

Dies ist die Grundfrage, die Ruth C. Cohn dem Konzept der TZI zugrunde legte. Insbesondere der Abbau von Ängsten und die Förderung kooperativer Kommunikation mit weniger destruktiven Konflikten stehen bei der TZI im Vordergrund. Durch Förderung der Selbst- und Fremdwahrnehmung soll das Lernen und Arbeiten in Gruppen erleichtert und verbessert werden. Die Entstehung der TZI ist eng verbunden mit der Biografie von Ruth C. Cohn und wird im Folgenden stark verkürzt angerissen.

1912 wurde Ruth Charlotte Hirschfeld in Berlin als Tochter einer vermögenden deutsch-jüdischen Kaufmannsfamilie geboren. 1933 musste sie ihr Studium der Psychoanalyse abbrechen und flüchtet vor dem zunehmenden Nazi-Terror nach Zürich. Dort setze sie ihr Studium fort und belegte (auch um den Status als Studentin zu erhalten, was sie vor der Ausweisung schütze) zusätzlich Literatur, Pädagogik, Philosophie und Theologie. Neben dem Studium absolvierte sie eine sechsjährige Ausbildung der Internationalen Gesellschaft für Psychoanalyse zur Psychoanalytikerin. Diese Ausbildung war essentiell für Ruth Cohns spätere persönliche und berufliche Entwicklung. Sie erlebte unter dem Eindruck des Nazi-Terrors, dass durch die psychoanalytische Praxis nur eine begrenzte Zahl privilegierter Menschen geholfen werden konnte und stellte die Frage, wie mehr Menschen nachhaltig geholfen werden kann. 1938 heiratete sie ihren langjährigen Lebenspartner den Arzt Helmut Cohn und 1941 schließlich immigriert die Familie in die USA. Dort absolvierte sie eine Ausbildung als Lehrerin und lernte die kindzentrierte, hochengagierte Arbeit der „Progressive Early – Childhood Education" kennen, welche starken Einfluss auf sie hinterließ.

Ab 1946 praktizierte Ruth C. Cohn in New York in einer eigenen Praxis. Zunächst arbeitete sie mit Kindern, später auch mit Erwachsenen. Als Gegenbewegung zum Psychoanalytischen Institut (welches nur Mediziner_innen zuließ), gründet Theodor Reik die National Psychological Association for Psychoanalysis (NPAP). Ruth Cohn beteiligte sich daran, baute sie mit auf, arbeitete als Dozentin und in der Ausbildungskommission. 1955 machte sie hier als Dozentin während eines Workshops zum Thema Gegenübertragung einen wichtigen

---

[1] Langmaack, B.: Einführung in die Themenzentrierte Interaktion TZI. Leben rund ums Dreieck, Weinheim/Basel 2001, 17

Schritt in Richtung Entwicklung der TZI. Der unbeirrte Wunsch von Ruth Cohn, die Einsichten der Gruppentherapien nicht nur Patient_innen, sondern darüber hinaus einem weiten Personenkreis zukommen zu lassen, trieb sie weiter an. Die Beobachtung, dass Mitglieder therapeutischer Gruppen leichter lernten und auch förderlicheres Lernen erlebten, als Schüler oder Studenten während üblichem Unterricht verstärkte diese Bestrebungen. Sie erklärte dies mit der stärkeren Berücksichtigung von Emotionen und des individuellen Wohlbefindens der Teilnehmer_innen. Außerhalb therapeutischer Gruppen aber gab es keinen kein Platz für Emotionen. So hielt sie später dazu fest „Es hatte mich immer wieder in Erstaunen versetzt, in welchem Ausmaß Mitglieder therapeutischer Gruppen mit Hilfe dieser Erfahrungsweise ein ungeheuer anregendes und nutzbringendes Lernen erlebten, während die meisten Studenten in Hörsälen das Studieren als trocken und nicht bereichernd quasi erdulden. So erfuhr ich den Unterschied zwischen „totem" und „lebendigem" Lernen."[2]

Ruth Cohn modifizierte vor allem gruppentherapeutische Methoden, um sie auch in Organisationen, Schulklassen oder Hörsälen verwenden zu können. Ihre Methode basiert demzufolge durch die verschiedenen Einflüsse zum einen auf psychoanalytischen Theorien (Arbeit am Widerstand vor der Arbeit am Inhalt), zum anderen auf gruppen- und erlebnistherapeutischen Erfahrungen (Beachtung des Körpers und der Emotionen) und existential-philosophischen Prämissen der „Humanistischen Psychologie". Schließlich entstand aus der Methode des lebendigen Lernens, anschließend die Themenzentrierte Interaktionelle Methode und schlussendlich die Themenzentrierte Interaktion.[3]

1.2 Methode

Der themenzentrierte Interaktion liegt also eine ganzheitliche Sichtweise vom Lernen, Leben und Zusammenleben zu Grunde. Sie stellt nicht nur ein Konzept zur Leitung von Gruppen dar, sondern ist als Lebenseinstellung zu verstehen, welches der Förderung ganzheitlicher Kommunikation dient.

Die Grundlage für die TZI ist das TZI-Dreieck, welches Ruth Cohn gewissermaßen im Schlaf fand. „Eines Nachts träumte ich von einer gleichseitigen Pyramide. Im Aufwachen wurde mir klar, dass ich die Grundlage meiner Arbeit erträumt hatte. Die gleichseitige Traumpyramide bedeutete mir: Vier Punkte bestimmen meine Gruppenarbeit. Aus der Pyramide wurde aus darstellerischen Gründen ein Dreieck, der vierte Punkt durch einen Kreis dargestellt."[4]

---

[2] Cohn, R.: Von der Psychoanalyse zur themenzentrierten Interaktion, Stuttgart 1990, S. 111
[3] Langmaack, B.: Einführung in die Themenzentrierte Interaktion TZI. Leben rund ums Dreieck, Weinheim/Basel 2001, 20ff
[4] ebd., 49f

Abbildung 1: Strukturmodell der TZI

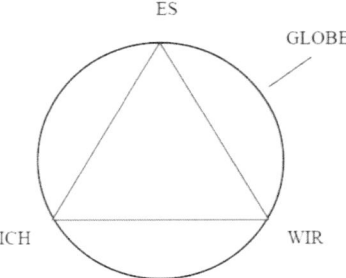

Quelle: eigene Darstellung nach Langmaack 2001, S. 49

Laut TZI wird also jede Gruppe durch vier Faktoren bestimmt: die einzelne Person („Ich"), die Interaktion zwischen den Teilnehmern („Wir") sowie durch die Sache mit der sich die Gruppe beschäftigt („Es"), diese sind gleich wichtig. Ergänzt dazu wird die Umwelt, in welcher sich die Gruppenarbeit abspielt, durch den „Globe" als wichtigen Einflussfaktor, dargestellt. Umwelt im weiteren Sinne stellt alles dar, was auf die Gruppe einwirkt: Ort, Zeit, Wissensstand, Hintergrund der Teilnehmer_innen usw. Nur wenn diese vier Faktoren im Prozess der Arbeit mit der Gruppe angemessene Berücksichtigung in Themenformulierung und Strukturangebot finden, also dynamisch ausbalanciert werden, ist lebendiges Lernen im Sinne der TZI möglich.[5]

Im Folgenden werden die einzelnen Bereiche des TZI-Dreiecks und die Folgen von Verschiebungen in diesen kurz angerissen.

„Ich" betrifft jedes einzelne Individuum, also jedes einzelne Gruppenmitglied, mit seiner/ihrer Lebensgeschichte, mit allen Fähigkeiten und Beschränkungen, sowie mit allen generellen, aktuellen körperlichen, geistigen und seelischen Verfassungen. Auch persönliche Ziele, Einstellungen, Wahrnehmungen, Wünsche und Ängste der einzelnen Gruppenmitglieder_innen gehören zu dieser Ecke des Dreiecks, da Bedürfnisse und Befindlichkeiten sowohl motivierend sein können, als auch die Handlungsfähigkeit einschränken. Durch eine zu geringe Akzentuierung des "Ich" ergibt sich in der Gruppe eine zu starke Anonymität, während eine zu starke Akzentuierung dieser Ecke des Dreiecks zu Einzelunterricht, bzw. Einzeltherapie führt.

„Wir" bezieht sich auf die gesamte Gruppe der Individuen, welche sich zur Bearbeitung eines gemeinsamen Inhalts zusammenfinden. In jeder Gruppe herrscht eine eigene, besondere

---

[5] Vgl. Langmaack, B.: Einführung in die Themenzentrierte Interaktion TZI. Leben rund ums Dreieck, Weinheim/Basel 2001, 48f

Dynamik, welches im Sinne der TZI Beachtung benötigen. Das „Wir" steht also für die Interaktionen zwischen den Gruppenmitglieder_innen, also für Sympathie, Akzeptanz, Einflussnahme, sowie gemeinschaftliche Werte. Wenn sich Gruppen lediglich um sich selbst und/oder ihre einzelnen Mitglieder_innen drehen, verkehrt sich die Intension gemeinsam inhaltlich zusammen zu arbeiten in eine lediglich gruppendynamische Selbsterfahrungsgruppe. Zu geringe Beachtung des „Wir" führt dazu, dass Energien der Zusammenarbeit verloren gehen und für die gemeinsame Bearbeitung des Inhalts nicht zur Verfügung stehen.

Die unteren beiden Ecken des Dreiecks („Ich" und „Wir") werden auch als psychosoziale Ebene charakterisiert. Sie implizieren sowohl die sozialen, als auch die emotionalen Beziehungen und sind meist schwer verbalisierbar.

„Es"[6] stellt den inhaltlichen Bezugsrahmen dar, zu dem sich die Gruppe zusammengefunden hat. Dies kann eine zu behandelnde Aufgabe (in der Gruppentherapie) oder der zu erlernende Inhalt sein (im pädagogischen Rahmen), der sich die Gruppe sich widmet. Bezogen auf Erwachsenenbildung beinhaltet das „Es" also auch Lerninhalte. Eine zu starke Fokussierung des „Es", also das Erzwingen reiner Lehre schafft es nicht „Ich" und „Wir" in Bezug zueinander zu bringen. Gibt der/die Gruppenleiter_in dagegen zu wenig Struktur vor und vernachlässigt das „Es", schafft es die Gruppe nicht innerhalb des gegebenen „Globe" mit einer angemessenen Struktur Inhalte zu bearbeiten.

„Globe" umfasst die gesamte Umwelt der Gruppe, also den zeitlichen Rahmen, das Alter und die soziale Herkunft der Gruppenmitglieder_innen, aber auch Organisatorische Inhalte. So gehören zum „Globe" also auch die Beschaffenheit des Lernraumes, die zeitliche Einbindung (Uhrzeit und Wochentag), rechtliche Grundlagen, den Grad der Freiwilligkeit usw. Somit bestimmt es also auch die Handlungsspielräume aller Gruppenmitglieder_innen. Auch wenn die grafische Darstellung einen Kreis zeigt, bezieht sich der Begriff "Globe" auch auf die Erdkugel (als Umwelt in ihrer Gesamtheit), daher auch die Formulierung des "Dreieck in der Kugel". Eine überstarke Betonung des "**Globe**" hat eine Schwächung oder gar den Verlust positiver Kräfte zur Folge, die einzelne Gruppenmitglieder_innen, aber auch die Gruppe als Ganzes bei der Bearbeitung eigener Inhalte zur Folge. Eine zu geringe Beachtung oder Negierung der Umwelt dagegen führt dazu, dass einzelne Gruppenmitglieder_innen sich

---

[6] „Es" ist in der TZI als eigenständiger Begriff zu verstehen und nicht im Sinne der Psychoanalyse nach Freud.

innerlich aus der Gruppe zurück ziehen und ihre Energien an anderen Inhalten gebunden bleiben.[7]

1.3 TZI im Kontext Bildung[8]

Ein zentraler Aspekt der TZI stellt das lebendige Lernen dar. Ganzheitliches und nachhaltiges Lernen in einer Gruppe inkludiert das Bestreben danach, sich selbst und andere Gruppenmitglieder_innen so geleitet werden, dass wachstumsfreundliche und heilende, nicht aber hinderliche und pathogene Tendenzen angeregt und gefördert werden. Diese Art zu lernen, soll Menschen ernst nehmen, ganzheitlich angesprochen werden und die Motivation erhöhen eigenverantwortlich zu handeln.

Die TZI sieht sich im Bereich der Bildung mit folgenden Schwierigkeiten konfrontiert:

- die erst allmählich zur vollen Selbstverantwortung heranreifenden Schüler_innen/Gruppenmitglieder_innen
- ggf. Nicht-Freiwilligkeit oder eingeschränkte Freiwilligkeit
- die Koppelung von Lernen und Selektion

Auf TZI basierende Didaktik unterscheidet sich von herkömmlichen didaktischen Modellen:

- Gegenstand der Wissensvermittlung sind nicht nur die Inhalte, die es zu vermitteln gilt. Die Sache (ES), die im Vordergrund steht, soll zum Thema aller werden und zu einer lebendigen, sachbezogenen Interaktion (ICH-WIR-ES) führen.
- Individuelle und sozio-kulturelle Lernvoraussetzungen stellen nicht nur Bedingungsanalyse des Unterrichts dar, sondern beeinflussen und bereichern den Lernprozess.
- Wann und in wie weit etwas zum Thema des Lernens wird, ist immanent vom Verlauf des Gruppenprozesses beeinflusst: So soll das Thema den Gruppenprozess bedingen, doch soll auch aus der Gruppe die Energie für die Bearbeitung der Gruppeninhalte (wozu auch die Lernthemen gehören) kommen. Eine Ausrichtung der Lerninhalte muss also prozessorientiert sein und kann nicht lediglich an Lehrplänen und Lernzielen von außen vorgegeben orientiert werden.

---

[7] Vgl. Cohn/Terfurt: Lebendiges Leben und Lernen, Stuttgart, 2007, 177ff
[8] Der Begriff „Bildung" ist nach den Paradigmen der TZI im weitesten Sinne zu verstehen und umfasst sowohl primäre, als auch sekundäre und ebenfalls tertiäre Bildung.

- Die Leitperson als Teil der Gruppe (Wir) kann sich nicht lediglich mit der institutionellen Rolle als Leiter_in identifizieren. Sie ist ebenso ein Individuum (Ich) und ist gefragt Lerninhalte (Es) auch mit persönlicher Authentizität zu unterlegen.

Die größte Stärke der TZI liegt in der gleichwertigen Verbindung von Sach- und Beziehungsebene. Nicht nur inhaltliche Aspekte oder die Beziehungsaspekte der Gruppe stehen im Vordergrund, sondern das Individuum in seiner Ganzheit und Vielschichtigkeit als Teil der Gruppe. Daher findet die TZI Anwendung in thematischen und aufgabenbezogenen Handlungsfeldern. So werden nicht nur kognitiv-rationale, sondern auch emotional-soziale Fertigkeiten, aber auch Bedürfnisse berücksichtigt und gefördert. [9]

2 Die Axiome

Im folgenden Kapitel werden die Axiome von Ruth Cohn zitiert und anschließend kurz erläutert. Axiome stellen keine Anleitungen dar, wie „Du sollst...", können dennoch als essenzielle Grundlage der TZI gesehen werden. Sie werfen Fragen auf, die befähigen sollen individuelle (und anschließend kollektive) Antworten zu finden. Sie stellen unabdingbare Voraussetzungen der TZI dar und können als methodische Angebote auf das Verhalten jedes Menschen einwirken. So können sie darüber hinaus zu Veränderungen sozialer und politischer Systeme beitragen. Die drei Axiome der TZI ergänzen sich gegenseitig und können nicht voneinander getrennt, sondern in Beziehung zueinander betrachtet und umgesetzt werden. [10]

2.1 Das existenziell-anthropologische Axiom

„Der Mensch ist eine psychobiologische Einheit und ein Teil des Universums. Er ist darum gleichermaßen autonom und interdependent. Die Autonomie des Einzelnen ist umso größer, je mehr er sich seiner Interdependenz mit allen und allem bewusst wird."

Hier werden die Grundaspekte des menschlichen Daseins benannt. Es thematisiert das Zusammenspiel von physischen, emotionalen und intellektuellen Bedürfnissen und Erfahrungen, die den einzelnen Menschen als Einheit und doch mit verschiedenen Facetten präsentiert. Der Mensch ist zum Einen zwar eigenständig, da er die Freiheit hat

---

[9] Vgl. Ewert, F.:Themenzentrierte Interaktion und pädagogische Professionalität von Lehrerinnen und Lehrern. Erfahrungen und Reflexionen, Wiesbaden 2008, 43ff
[10] Vgl. Langmaack, B.: Einführung in die Themenzentrierte Interaktion TZI. Leben rund ums Dreieck, Weinheim/Basel 2001, 42f

Entscheidungen zu treffen, ist aber zum Anderen immer mit anderen Individuen, der Umwelt und damit der gesamten Schöpfung in einem Austausch. Abhängigkeiten von äußeren Gegebenheiten und inneren Mustern, Einstellungen und Haltungen beeinflussen die Möglichkeiten selbst zu entscheiden und zu beeinflussen. Es ergibt sich damit eine wesentliche Aufgabe der TZI, insbesondere die eigene existentielle Situation zu entdecken. Dies geschieht allerdings nie autonom, sondern immer in Interaktion mit der Umwelt im weitgefassten Sinne, Freunden, der Familie, der Berufswelt usw. „Interpendenz mit allen und allem" soll dieses Spannungsfeld noch einmal verdeutlichen.

2.2 Das ethisch-soziale Axiom

„Ehrfurcht gebührt allem Lebendigen und seinem Wachstum. Respekt vor dem Wachstum bedingt bewertende Entscheidungen. Das Humane ist wertvoll; Inhumanes ist wertebedrohend."

Vor allem in der westlichen Kultur sieht Ruth C. Cohn Intellekt und Verstand, nicht aber emotionale und köperbewegte Seiten des Menschen gefördert. Doch gerade im Gefüge von Gruppen, die dem Zweck der Wissensaneignung dienen (wie in der Erwachsenenbildung) stellt dieses Axiom eine unvermeidbare Grundlage dar. Im Sinne ganzheitlichen Lernens geht es hier um die Bestätigung und Einübung der emotionalen und intellektuellen Seite eines jeden Menschen im Sinne eines dynamischen Zusammenspiels. Ruth C. Cohn sieht in diesem Axiom die Chance, dass jeder einzelne Mensch mehr Verantwortung tragen kann und in Folge dessen die Menschheit im Ganzen ein Gegengewicht gegen die zunehmende Zerstörung der Welt darstellen kann.[11]

2.3 Das pragmatisch-politische Axiom

„Freie Entscheidung geschieht innerhalb bedingender innerer und äußerer Grenzen. Erweiterung dieser Grenzen ist möglich."

Dieses Axiom ergänzt die beiden vorangegangenen und weist auf die Bedeutung vorgegebener Grenzen der Autonomie hin. Grenzen werden nicht nur vom Umfeld auferlegt, sondern bezieht sich auf innere Grenzen. Hier spielen zum Beispiel Gesundheit, Motivation, Konzentrationsfähigkeit, geistige Reife eine große Rolle. Jede Situation ist durch Grenzen beschränkt, diesen wohnt ein zeitgeschichtlicher Charakter inne. Somit unterliegt jede

---

[11] Vgl. Langmaack, B.: Einführung in die Themenzentrierte Interaktion TZI. Leben rund ums Dreieck, Weinheim/Basel 2001, 13

Situation gleichzeitig immer sowohl einem Wandel und einer Veränderung. Ruth C. Cohn insistiert: „Freiheit im Entscheiden ist größer, wenn wir intelligent, materiell gesichert und geistig gereift sind, als wenn wir krank, beschränkt oder arm sind oder unter Gewalt und mangelnder Reife leiden."[12]

3 Die Postulate

Die Postulate sind als Faustregeln der TZI zu verstehen. Sie sind immanent bedeutsam für das erfolgreiche Gelingen gruppendynamischer Prozesse und Umsetzung der Gruppenziele. Während die Axiome die Grundwerte der TZI formulieren, sind die Postulate als Vorschläge zu verstehen, ohne die gleichzeitig TZI nicht funktionieren kann. Sie haben das Ziel, eigenständiges Lernen vor dem Hintergrund der Axiome zu fördern. Gerade im Bereich der inklusiven Erwachsenenbildung, ist die Befähigung zu und Anwendung von eigenständigem, lebenslangem Lernen in Gleichwertigkeit von allen Gruppenmitglieder_innen ein inhärentes Ziel. Dies kann mit den folgenden Postulaten flexibel und situationsangemessen bewerkstelligt werden.

3.1 Prinzip der Selbstverantwortung

„Sei dein eigener Cairman/Chairwoman, sei die Chairperson deiner selbst. Mache dir deine innere und äußere Wirklichkeit bewusst. Benutze deine Sinne, Gefühle, gedanklichen Fähigkeiten und entscheide dich verantwortlich von deiner eigenen Perspektive her."[13]

Dieses Postulat kann zunächst als Aufforderung an jedes einzelne Gruppenmitglied verstanden werden, sich mit der eigenen Wirklichkeit auseinander zu setzen um eigene Gefühle, Bedürfnisse und Interessen wahrzunehmen und die eigenen autonomen Anteile zu erkennen. Die zweite Aufforderung in diesem Postulat bezieht sich auf die äußere Wirklichkeit, also das Umfeld. Dieses kann sowohl politisch, ökologisch, ökonomisch, aber auch persönliche Faktoren und aktuelle Konstellationen umfassen. Hier ist der Bezug zum pragmatisch-politischem Axiom deutlich, da es an den interdependenten Anteilen des einzelnen Gruppenmitgliedes als Individuum ansetzt. Die dritte Aufforderung dieses Postulates bezieht sich auf das Abwägen der Entscheidungsmöglichkeiten, da die meisten Situationen die Wahl zwischen akzeptieren, verändern oder verlassen („love it, leave it,

---
[12] Cohn/Terfurt: Lebendiges Leben und Lernen, Stuttgart, 2007, 344
[13] Löhmer, C. / Standthard, R.: TZI - Die Kunst, sich selbst und eine Gruppe zu leiten, Stuttgart 2010, 40

change it") beinhalten[14]. Diese Aufforderung ist eng verbunden mit dem Fällen der Entscheidung und der Übernahme der vollen Verantwortung für die getroffene Entscheidung. Jedes Gruppenmitglied ist also für die eigenen Handlungen verantwortlich und akzeptiert alle Konsequenzen. Eine Ausnahme stellt es dar, wenn eine andere Person das Bewusstsein verliert oder aktuell die Verantwortung für sich nicht oder nur teilweise übernehmen kann.

Dieses Postulat impliziert also die Befähigung, für eigene Interessen und persönliches Wohlergehen Verantwortung zu übernehmen. Dabei sollen die Bedürfnisse der anderen, sowie die äußeren Umstände synchron dazu im Blick bleiben.[15]

3.2 Prinzip der Arbeitsfähigkeit

„Störungen und Betroffenheit haben Vorrang. Beachte Hindernisse auf deinem Weg, deine eigenen und die von anderen; ohne ihre Lösung wird Wachstum verhindert oder erschwert.[16]

Dieses Postulat stößt vielfach auf Wiederstände. In der konservativen Pädagogik und unserer Gesellschaft allgemein werden Störungen als negative Blockade des Gruppengeschehens gesehen, sie werden als unerwünscht und schlecht bewertet. Oft fühlen sich Gruppenleiter_innen in ihrer Autorität untergraben und befürchten, dass durch Störungen die Gruppe im Chaos versinkt. Ruth Cohn dagegen geht davon aus, dass nur dann lebendiges Lernen möglich ist, wenn es nicht durch innere und äußere Barrieren begrenzt wird. Daher erfordern Störungen zeitnahe Betrachtung und Bearbeitung. Störungen umfassen alle inneren Vorgänge, wie Freude, Trauer, Wut, usw. Aber auch äußere Gegebenheiten, wie Temperatur, Lautstärke, Lichteinwirkung können als Störungen wirken.

3.2.1 Störungen in der Gruppe

Störungen stellen Botschaften dar, die verdeutlichen, dass mit dem Gruppengeschehen oder in den Beziehung Hemmnisse auftreten. Sie sind weder vermeidbar, noch stellen sie eine Ausnahme dar, sondern eine Selbstverständlichkeit im aktiven Gruppengeschehen. „Störungen und Betroffenheit haben Vorrang" impliziert also, Fragen zu stellen und Unklarheiten zu klären.

Sie zeigen Bedürfnisse des/der Einzelnen, aber auch der Gruppe auf. Sie beinhalten sowohl hemmende, als auch aktivierende Momente, erst wenn sie angemessen Raum gefunden haben

---
[14] Vgl. Ebd. 42
[15] Vgl. Langmaack, B.: Einführung in die Themenzentrierte Interaktion TZI. Leben rund ums Dreieck, Weinheim/Basel 2001, 134f
[16] Ebd., 46

und bearbeitet wurden, ist eine Rückkehr zum Ursprungsthema möglich. Sie können auch ein Indiz dafür sein, dass in der Gruppe ein anderes Thema vorherrscht. Somit verfügt dieses Postulat über die Chance gebundenes Potential des Einzelnen und in Folge dessen der Gruppe, freizusetzen und über einen Prozess der Bewusstseinswerdung durch Enthüllung von Hemmnissen lebendiges Lernen (wieder) zu ermöglichen.

3.2.2 Umgang mit Störungen

Störungen können als wichtige Botschaften verstanden werden, welche in der Gruppe bearbeitet werden sollen. Wenn es möglich ist, sollen die Störungen aufgelöst werden. Ist dies nicht möglich, ist es sinnvoll mit der Gruppe ein Weg zu finden um mit ihnen umzugehen und ihr aktivierendes Element zu nutzen. Ein unaufmerksames Gruppenmitglied stellt in diesem Zusammenhang kein Hemmnis dar, sondern zum Beispiel eine Möglichkeit gesetzte Ziele zu überdenken, neu zu verhandeln und ggf. zu verändern. Es gibt aber auch die Möglichkeit, dass die Gruppe akzeptiert, dass ein Gruppenmitglied vorläufig nicht dem Gruppengeschehen folgt. Wenn Störungen zu schnell und ohne Beteiligung der Gruppe abgehandelt oder sogar ignoriert oder vertuscht werden, wird der gesamte Lernprozess der Gruppe nachhaltig gestört. Störungen nehmen sich Vorrang, wenn sie nicht aufgearbeitet werden, es besteht die Gefahr, dass lebendige Gruppenarbeit somit unmöglich wird. Ruth C. Cohn vergleicht dieses Geschehen mit dem Bild eines Steins, der auf dem Weg liegt. Es ist möglich diesen zur Seite zu rollen oder über ihn zu klettern, doch ignorieren ist nur schwer möglich und auch nicht sinnvoll.

Selbstverständlich ist das situative Aufgreifen von Störungen erfahrungsgemäß zeitaufwändig. Doch ist diese Zeit nicht als Verlust zu sehen, sondern als Bereicherung, denn nach der Offenlegung einer Störung und erfolgreicher Klärung dieser, arbeitet die Gruppe meist umso intensiver zusammen.[17]

3.3 Die Hilfsregeln

Die Hilfsregeln bieten unterstützende Orientierungspunkte in der praktischen Umsetzung der TZI. Sie sind hilfreich, dürfen aber keinesfalls dogmatisch verwendet werden. Missbräuchliche Verwendung der Hilfsregeln würden dem Geist der TZI widersprechen und diese ad absurdum führen. Stattdessen benötigen sie eine taktvolle und förderliche Anwendung sowohl durch die Leitperson, als auch durch die Gruppenmitglieder_innen.

---

[17] Rubner, E.: Störung als Beitrag zum Gruppengeschehen, Zum Verständnis des Störungspostulats der TZI in Gruppen, Mainz 1992, 12ff

1. *„Vertritt dich selbst in deinen Aussagen; sprich per „Ich" und nicht per „Wir" oder per „Man""*

Begründung: Allgemeine Wendungen funktionieren als Verstecke. Erst durch die Selbstvertretung können Sprechende die volle Verantwortung für das von ihnen Gesagte übernehmen und damit auch für den Inhalt der eigenen Aussage. Das Ich wird mit dieser Hilfsregel befähigt für sich verantwortlich zu sprechen, es werden Projektionen vermieden. In Folge dessen wird verhindert, dass sich Gruppenmitglieder_innen hinter einer (meist hypothetischen) öffentlichen Meinung zu verstecken.

2. *„Wenn Du eine Frage stellst, sage, warum du fragst und was deine Frage für dich bedeutet. Sage dich selbst aus und vermeide das Interview."*

Begründung: „Echten" Fragen liegt das Interesse nach mehr Informationen zugrunde, oder wird zur Weiterführung oder Beendigung eines Prozess benötigt. Mit „unechten" Fragen hingegen ist es nicht möglich Informationsgewinn zu erzielen. Werden unechte Fragen gestellt und dem/der Befragten ist dies nicht bewusst, erfolgt die Beantwortung dieser mit unangemessener Ernsthaftigkeit. Dies verbraucht Energien, welche bei der Beantwortung echter Fragen fehlen. Wenn den/der Befragten allerdings bewusst ist, dass es sich um eine unechte Frage handelt, so folgt darauf eine unechte Antwort. Statt einem Dialog findet nun ein Interview statt, welches keine förderliche Form der Kommunikation darstellt. Eine solche Frage kann der/die Befrage auch als Angriff oder Ablenkungsmanöver wahrgenommen werden. Daraus ergibt sich die Notwendigkeit offen zu benennen, was mit der gestellten Frage bezweckt wird. Ein weiterer Vorteil ergibt sich darin, dass echte Fragen zu einem aufrichtigeren und persönlicheren Austausch anregen.

3. *„Sei authentisch und selektiv in deinen Kommunikationen. Mache dir bewusst, was du denkst und fühlst, und wähle, was du sagst und tust."*

Begründung: Diese Regel hat direkte Verbindung zum Postulat die eigene Chairperson zu sein. Sie fordert dazu auf in der Kommunikation selektiv zu sein. Handlungen oder (persönliche) Aussagen auf Grund eines allgemeinen „du sollst", sind einer lebendigen Kommunikation und damit eines lebendigen Lernens abträglich. Förderlicher ist es, wenn sie die Folge von eigener Reflektion und auf Basis eigener Überzeugungen beruhen. Gruppenteilnehmer_innen sind angehalten Verantwortung für das eigene Handeln zu übernehmen, ansonsten besteht die Gefahr der Instrumentalisierung. Gleichzeitig ist es nicht förderlich, wenn persönliche Aussagen rein impulsiv und ungefiltert geschehen. Die Chance dieser Hilfsregel besteht darin Verständnis und Vertrauen in der Gruppe zu fördern, der eine Kommunikationskultur von Kooperation und Produktivität zu Grunde liegt.

4. *„Halte dich mit Interpretationen von anderen so lange wie möglich zurück. Sprich statt dessen* (sic!) *deine persönlichen Reaktionen aus."*

Begründung: Interpretationen anderer Gruppenmitglieder_innen können Abwehrverhalten auslösen, dies ist für den Gruppenprozess und lebendigem Lernen nicht immer förderlich. Ein konstruktiver Umgang mit Interpretation ist möglich, wenn sie Inhalte zusammenfassen, abschließen und zu neuen Inhalten überleiten. Meist ist es nützlicher durch persönliche Reaktionen spontane Interaktionen zuzulassen, nicht jedoch andere Gruppenmitglieder_innen auf ihr Verhalten festzulegen. So ist es möglich statt der Interpretation „Du lässt andere nie ausreden!" dem/der Gegenüber zu sagen „Ich möchte meinen Punkt zu Ende ausführen und anschließend bin ich bereit deinen Punkt zu hören."

5. *„Sei zurückhaltend mit Verallgemeinerungen."*

Verallgemeinerungen unterbrechen den Gruppenprozess. Im Verständnis der TZI sind sie nur dann hilfreich, wenn sie als Abschluss von Unterthemen fungieren und eine Überleitung auf das Hauptthema zur Folge haben.

6. *„Wenn du etwas über das Benehmen oder die Charakteristik eines anderen Teilnehmers aussagst, sage auch, was es dir bedeutet, daß* (sic!) *er so ist, wie er ist (d.h. wie du ihn siehst)"*

Begründung: Wahrnehmung ist immer subjektiv. Wie Menschen andere Menschen wahrnehmen liegt in eigenen Erfahrungen, Empfindungen, Überzeugungen usw. Daher kann die Wahrnehmung zwar mitgeteilt werden, hat aber nicht den Anspruch auf Allgemeingültigkeit. Um die Basis für förderliche Kommunikation zu schaffen ist es förderlich, wenn Gruppenmitglieder_innen hinzufügen, worauf die Wahrnehmung über andere Gruppenmitglieder_innen beruht und was dies für sie bedeutet. Statt „Du arbeitest so langsam.", wäre es förderlicher zu sagen „Ich bin der Meinung, dass du sehr langsam arbeitest. Das gefällt mir nicht, da es mir schwerfällt auf dich zu warten."

7. *„Seitengespräche haben Vorrang. Sie stören und sind meist wichtig. Sie würden nicht geschehen, wenn sie nicht wichtig wären („Vielleicht wollt ihr uns erzählen, was ihr miteinander sprecht?")"*

Begründung: Bei dieser Regel ist es besonders wichtig, dass sie nur als Aufforderung und nicht als Zwang verstanden wird. Sie darf nicht verstanden werden als Reglemtierung, sondern schließt sich eng an das Postulat der (positiven) Störung an. Meist beinhalten Seitengespräche wichtige Aussagen und starke Beteiligung, die den Gruppen- und Lernprozess unterstützen können. Die Aufforderung den Beitrag der Gruppe mitzuteilen kann Gruppenmitglieder_innen ermutigen, die ihren Beitrag als zu unwichtig ansehen oder aber sich nicht trauen diesen öffentlich zu formulieren. Auch die Bitte um Hilfe kann in einem Seitengespräch vertreten sein, diese ist besonders wichtig für den Prozess des lebendigen Lernens, denn so lang die Frage nicht beatwortet ist, ist mindestens ein Gruppenmitglied aus dem Prozess herausgefallen. Andere Gruppenmitglieder_innen können ebenfalls profitieren, wenn eine Frage beantwortet wird. So können Unklarheiten beseitigt werden oder aber durch Wiederholung ein Sachverhalt noch einmal verdeutlicht wird.

8. *„Nur einer zur gleichen Zeit bitte."*

Begründung: Aussagen können nur effektiv aufgenommen werden, wenn sie nacheinander und nicht zur selben Zeit erfolgen. Auch nonverbale Äußerungen sind Äußerungen, denen Bedürfnisse, Befindlichkeiten und Informationen zu Grunde liegen, hier ist es wichtig, dass die Gruppe gemeinsam entscheidet, wie und in welchem Umfang diese Beachtung erfahren und in welcher Intensität diese gleichzeitig bestehen können.

9. *„Wenn mehr als einer gleichzeitig sprechen will, verständigt euch in Stichworten, über was ihr zu sprechen beabsichtigt."*

Begründung: Die Effektivität von Gruppenprozessen ist eng verbunden mit der Konzentration in einer Gruppe. Für diese ist es förderlich einen kurzen Austausch darüber zu führen, welche Anliegen im Raum stehen. Dies verhindert, dass einzelne Gruppenmitglieder_innen dem Gruppenprozess nicht mehr folgen (können), da sie mit ihren Bedürfnissen nicht angenommen werden/sich nicht angenommen fühlen. Nach dem Benennen der verschiedenen Anliegen ist es wichtig das eine Diskussion und demokratische Abstimmung darüber erfolgt in welcher Reihenfolge sie Raum finden. Diese Regel erfordert es, dass jedes Gruppenmitglied mit dem eigenen Gesprächsbeitrag Beachtung findet und keine einseitige

Bevorteilung von Gruppenmitglieder_innen erfolgt. Die Vielfalt der Bedürfnisse gilt es in die Kommunikation einzuflechten, damit alle Gruppenteilnehmer_innen den Überblick über diese erhalten. [18]

4. Fazit

Die Bedeutung der TZI als Methode liegt vor allem darin, dass Unterschiedlichkeiten der Gruppenmitglieder_innen nicht als Gefahr oder Ausschlusskriterium, sondern als Bereicherung verstanden wird und es ermöglicht diese zu effektiver Zusammenarbeit zu verbinden Insbesondere das Erreichen von lebendigem Lernen, also sowohl der kognitive als auch der psycho-motorische und affektive Lernprozess, finden Beachtung. Dies wird erreicht, in dem sowohl die eigenen Gefühle und Bedürfnisse, als auch die der anderen Gruppenmitglieder_innen angenommen werden. Als Folge dessen wird es allen Gruppenmitglieder_innen ermöglicht Kommunikationsprozesse bewusst wahrzunehmen und aktiv mitzugestalten, ein emotionaler Zugang zu Lerninhalten wird hiermit gefördert und eigene Handlungsbeschränkungen werden in Balance zu Handlungsmöglichkeiten gesetzt. Da die Gruppe zwischen Fremd- und Eigenbildern einzelner Teilnehmer_innen differenziert, ist es allen Gruppenmitglieder_innen möglich neue bzw. fremde Erkenntnisse anzunehmen. Gerade im Bereich der inklusiven Erwachsenenbildung spielen vor allem die Hilfsregeln eine enorme Rolle. Durch sie können Menschen mit unterschiedlichen Begabungen, Fertigkeiten, Tempi usw. gemeinsam interagieren und auch lernen. Die individuellen Bedürfnisse verschiedener Gruppenmitglieder_innen werden hier nicht als Bedrohung des Gruppenziels angesehen, sondern als bereichernde, dynamische Prozesse des Gruppengeschehens. Sie ermöglichen eine respektvolle, förderliche Gruppenatmosphäre in der jedes Individuum wertfrei und ganzheitlich angenommen wird.

---

[18] Die wörtlich zitierten Hilfsregeln dieses Kapitels beziehen sich auf: Cohn, Ruth C.: Von der Psychoanalyse zur themenzentrierten Interaktion, Von der Behandlung einzelner zu einer Pädagogik für alle, Stuttgart 1994, 123ff.
Die anschließenden Begründungen gehen zurück auf vgl. Stollberg, D.: Lernen, weil es Freude macht, Eine Einführung in die Themenzentrierte Interaktion, München 1982, 44f

Quellen

Cohn, Ruth C.: Von der Psychoanalyse zur themenzentrierten Interaktion, Von der Behandlung einzelner zu einer Pädagogik für alle, Klett-Cotta Stuttgart, 1994

Cohn/Terfurt: Lebendiges Leben und Lernen, Auflage 5, Klett-Cotta, Stuttgart, 2007

Ewert, F.: Themenzentrierte Interaktion und pädagogische Professionalität von Lehrerinnen und Lehrern. Erfahrungen und Reflexionen, Deutscher Universitäts-Verlag und VS Verlag für Sozialwissenschaften, Wiesbaden 2008

Langmaack, B.: Einführung in die Themenzentrierte Interaktion TZI. Leben rund ums Dreieck, Beltz Verlag, Weinheim/Basel 2001

Löhmer, C. / Standthard, R.: TZI - Die Kunst, sich selbst und eine Gruppe zu leiten, Klett-Cotta, Auflage 3, Stuttgart 2010

Rubner, E. (Hrsg.): Störung als Beitrag zum Gruppengeschehen, Zum Verständnis des Störungspostulats der TZI in Gruppen, Matthias-Grünewald-Verlag, Mainz, 1992

Stollberg, D.: Lernen, weil es Freude macht, Eine Einführung in die Themenzentrierte Interaktion, Kösel-Verlag GmbH & Co, München 1982

Lightning Source UK Ltd.
Milton Keynes UK
UKRC020259050320
359794UK00006B/38